WOK

KOOK EILAND

AZIATISCHE EN EUROPESE
WOK

Enkele tips

Hoe kies je een wokpan?
Kies altijd voor materiaal van goede kwaliteit. Een wokpan met een anti-kleeflaag is geen must, maar ze maakt het onderhoud wel een stuk gemakkelijker. Controleer in elk geval of de steel van de pan goed vastzit en of er geen speling is.

Wat maak je klaar in de wok?
Je kunt alle ingrediënten klaarmaken: vis, vlees, groente, fruit… wat je maar wilt. En vergeet vooral de specerijen niet!

Hoe maak je etenswaren klaar?
Meestal worden de etenswaren die in een wok worden klaargemaakt in stukjes gesneden. Op die manier kun je de kooktijden gevoelig beperken.

V: voorbereidingstijd R: rusttijd K: kooktijd
W: weektijd M: marineertijd

CHOP SUEY

[VOOR 4 PERSONEN]

20 g zwarte champignons
20 g geparfumeerde champignons
2 wortels
1 courgette
1 paprika
3 witte uien
100 g sojascheuten
100 g peulen
3 eetlepels sojasaus

Gemakkelijk
Weektijd: 20 min.
Kooktijd: 20 min.
Voorbereidingstijd: 30 min.

1. Dompel de champignons gedurende 20 minuten in lauw water.
2. Schil en was de wortels en de courgette en rasp ze.
3. Was en snijd de paprika in fijne reepjes.
4. Verwijder de steeltjes van de peulen en snijd ze in twee of drie stukken in de lengte.
5. Schil de uien en snijd ze in ringen.
6. Laat de champignons uitlekken en snijd ze in dunne reepjes.
7. Doe de uitjes, de paprika, de wortels, de peulen, de champignons, de courgette en de sojascheuten (in deze volgorde) in de wok, met olijfolie, en blijf voortdurend roeren.
8. Overgiet met de sojasaus en laat 15 tot 20 minuten garen.

Opmerking

De groenten moeten knapperig blijven. Je kunt ze kiezen in functie van het seizoen.

RODE UIENMOES
MET AMANDELEN

[VOOR 4 PERSONEN]

Gemakkelijk
Kooktijd: 4 min.
Voorbereidingstijd: 12 min.

3 rode uien
4 dl groentebouillon
2 eetlepels honing
100 g geschaafde amandelen
peper

1. Schil de uien en snijd ze in reepjes.
2. Doe de uien met de bouillon en de honing in de wok.
3. Stoof ze 4 minuutjes op een middelmatig vuurtje en blijf roeren. Voeg de amandelen toe.
4. Doe er wat peper bij en dien op.

Opmerking

Je kunt de moes lauw of warm opdienen met gegrild vlees.

CURRY VAN CHINESE KOOL

[VOOR 4 PERSONEN]

Gemakkelijk
Kooktijd: 4 min.
Voorbereidingstijd: 30 min.

1 Chinese kool of 1 witte kool
4 aardappelen
4 tomaten
1 stukje gember
1 verse peper
1 theelepel kerriepasta
1 theelepel kurkuma
1 theelepel suiker
2 eetlepels olijfolie
zout

1. Snijd de kool in fijne reepjes en was ze.
2. Schil de aardappelen en snijd ze in schijfjes.
3. Dompel de tomaten eerst onder in kokend water, laat ze daarna schrikken onder koud water en haal er vervolgens de pel af. Snijd ze in tweeën, verwijder de pitten en snijd het tomatenvlees in stukjes.
4. Schil en rasp de gember. Haal de zaadjes uit de peper en snijd hem in kleine stukjes.
5. Doe de olie in de wokpan. Laat de kool en de aardappelen 5 minuten bakken, voeg dan alle andere ingrediënten toe en laat het geheel 30 minuten sudderen.

Opmerking
Je vindt kerriepasta in Aziatische kruidenierszaken.

GEFRITUURDE NOEDELS

[VOOR 4 PERSONEN]

Gemakkelijk
Kooktijd: 20 min.
Voorbereidingstijd: 30 min.

500 g rijstnoedels
150 g sojascheuten
1 sneetje ham
1 verse peper
1 teentje knoflook
2 sjalotjes
1 eetlepel saké
2 eetlepels sojasaus
4 eetlepels olie

1. Kook de noedels gedurende 1 minuut in een grote pot gezouten water. Laat ze uitlekken en laat ze schrikken onder koud water en snijd ze in kleine stukjes.
2. Haal de zaadjes uit de peper en hak hem fijn. Pel de knoflook en de sjalotjes en hak ze eveneens fijn.
3. Snijd de ham in fijne reepjes.
4. Verhit 2 eetlepels olie in de wokpan en roerbak de sjalotjes, de peper, de knoflook en de ham gedurende 5 minuten. Voeg er vervolgens de saké aan toe en flambeer.
5. Doe er de sojascheuten bij en laat 10 minuten sudderen. Zet even opzij.
6. Verhit de 2 overige eetlepels olie in de wokpan en kook de noedels gaar in ongeveer 3 minuten. Voeg er de vorige bereiding en de sojasaus aan toe. Smakelijk.

ZOETE AARDAPPELEN
MET PEER EN PARMEZAAN

[VOOR 4 PERSONEN]

Vrij eenvoudig
Kooktijd: 4 min.
Voorbereidingstijd: 20 min.

300 g zoete aardappelen
4 peren
8 eetlepels olie
2 uien
50 g parmezaanschilfers
3 dl groente- of kippenbouillon

1. Schil en hak de uien. Verwarm de olie in de wok en bak de uien tot ze zacht zijn.
2. Schil de zoete aardappelen en snijd ze in blokjes. Voeg ze toe aan de uien en roerbak 1 minuut.
3. Giet er de groente- of kippenbouillon bij en laat 2 minuten koken.
4. Schil en ontpit de peren. Snijd ze vervolgens in blokjes en doe ze mee in de wok. Laat het geheel gedurende 1 minuut koken.
5. Bestrooi het gerecht met de parmezaanschilfers en dien het op.

VENKELSOEP
MET RIJSTNOEDELS

[VOOR 4 PERSONEN]

Gemakkelijk
Kooktijd: 3 min.
Voorbereidingstijd: 20 min.

2 venkelknollen
3 wortels
2 takjes witte selderij
8 dl groentebouillon
2 cm gember
100 g rijstnoedels

1. Kook de noedels, laat ze uitlekken en zet ze even opzij.
2. Snijd de venkel in dunne plakjes en de wortels en takjes selderij in blokjes. Schil de gember en hak hem fijn.
3. Breng de groentebouillon aan de kook. Doe er de gember, de venkel, de wortels en de selderij bij.
4. Laat alles 3 minuten op een zacht vuur koken, voeg er dan de rijstnoedels aan toe.
5. Warm alles samen nog even op en serveer.

Opmerking

Doe er blokjes witte ham bij en je hebt een volledige maaltijd.

POMPOEN MET KURKUMA
EN SOJASAUS

[VOOR 4 PERSONEN]

Gemakkelijk
Kooktijd: 5 min.
Voorbereidingstijd: 20 min.

400 g pompoenvlees in plakjes
4 uien
2 eetlepels sojasaus
3 eetlepels honing
4 eetlepels olie
1 theelepel kurkuma in poedervorm

1. Braad de plakjes pompoen in kleine hoeveelheden goudbruin in de olie. Leg telkens opzij.
2. Schil de uien en hak ze fijn, fruit ze daarna in de overblijvende olie.
3. Doe er de kurkuma, de sojasaus en de honing bij. Voeg er vervolgens de plakjes pompoen aan toe en roer voorzichtig.
4. Verdeel de porties en dien ze heel warm op.

KANTONESE RIJST

[VOOR 4 PERSONEN]

Gemakkelijk
Kooktijd: 15 à 20 min.
Voorbereidingstijd: 15 min.

150 g langkorrelige rijst
100 g erwtjes
2 uien
2 sneetjes gekookte ham
2 eetlepels olijfolie
3 eieren
zout, peper uit de molen

1. Dop de erwtjes en kook ze 10 minuten in kokend water.
2. Kook de rijst gedurende 20 minuten in een grote pot gezouten water.
3. Klop de eieren met een vork en bak ze vervolgens in een wokpan met 1 eetlepel olijfolie tot een omelet. Zet even opzij.
4. Snijd de ham in fijne reepjes.
5. Verhit de rest van de olijfolie in de wok en fruit de fijngehakte uien. Voeg er de rijst en de erwtjes aan toe. Roerbak 3 minuten.
6. Snijd de omelet in fijne reepjes.
7. Meng de omelet en de ham met de rijst, breng alles met zout en peper op smaak en dien warm op.

KOUDE ZOMERSOEP

[VOOR 4 PERSONEN]

150 g oranje linzen
150 g kikkererwten
1,5 l water
1 verse peper
1 limoen
2 tomaten
1 komkommer
2 potjes yoghurt
1 bosje koriander
1 theelepel kurkuma
1 theelepel komijn

Gemakkelijk
Weektijd: 1.30 uur
Kooktijd: 1.30 uur
Voorbereidingstijd: 30 min.

1. Week de linzen en de kikkererwten gedurende anderhalf uur in koud water. Laat ze uitlekken en spoel ze goed af.
2. Breng 1,5 liter water in de wok aan de kook, voeg de linzen, de kikkererwten, de kurkuma en de komijn toe en laat het geheel anderhalf uur sudderen.
3. Pers de limoen. Haal de zaadjes uit de peper en hak hem fijn.
4. Mix de soep en doe er het citroensap en de peper bij. Laat alles koud worden.
5. Dompel de tomaten eerst onder in kokend water, laat ze daarna schrikken onder koud water en haal er vervolgens de pel af. Snijd ze in tweeën, verwijder de pitten en snijd het tomatenvlees in blokjes.
6. Schil de komkommer, haal er de zaadjes uit en snijd ze eveneens in kleine blokjes.
7. Pluk de koriander, was en hak fijn.
8. Voeg de blokjes komkommer en tomaat voor het opdienen toe aan de koude soep. Strooi er koriander over. Serveer samen met yoghurt.

OCTOPUS EN KLEINE NOEDELS
MET TOMAAT

[VOOR 4 PERSONEN]

150 g kleine gekookte pasta
200 g jonge octopus, schoongemaakt
3 eetlepels olie
3 teentjes knoflook
2 uien
3 tomaten
2 eetlepels gehakte basilicum
peper, zout

Gemakkelijk
Kooktijd: 1.45 min.
Voorbereidingstijd: 15 min.

1. Pel de uien en hak ze in kleine stukjes, fruit ze daarna in de olie.
2. Pel de teentjes knoflook, hak ze fijn en doe ze dan met de octopus bij de uien. Bak alles 45 seconden.
3. Schil de tomaten, haal er de pitten uit en snijd ze in stukjes. Doe ze daarna in de wok en bak 1 minuut mee.
4. Voeg er de pasta en het basilicum bij, kruid met peper en roer het geheel goed door.
5. Verdeel de porties over de borden en dien onmiddellijk heel warm op.

GARNALEN
MET PIKANTE SAUS

[VOOR 4 PERSONEN]

400 g grote garnalen of gamba's
2 verse pepers
2 uien
1 stukje gember
1 eiwit
1 eetlepel maïzena
1 eetlepel tomatenconcentraat
1 eetlepel sherryazijn
5 cl kippebouillon
2 eetlepels olie
zout, peper uit de molen

Gemakkelijk
Kooktijd: 1.45 uur
Voorbereidingstijd: 20 min.

1. Kook de garnalen 5 minuten en pel ze daarna.
2. Schil de uien en hak ze fijn, hak ook de pepers, schil en rasp de gember.
3. Klop het eiwit met de maïzena stijf en haal de garnalen door dit mengsel.
4. Frituur de garnalen in de wok gedurende 2 minuten.
5. Bak de pepers en de uien 3 minuten, doe er de gember, de azijn, de kippenbouillon en het tomatenconcentraat bij. Laat 10 minuten sudderen.
6. Doe de garnalen opnieuw in de wok om ze op te warmen en schik ze daarna op de borden.

TONGFILETS
MET CHAMPIGNONS

[VOOR 4 PERSONEN]

Vrij gemakkelijk
Kooktijd: 3 min.
Voorbereidingstijd: 20 min.

12 tongfilets
2 zalmfilets
2 dl witte wijn
1 ui
2 eetlepels olie
150 g Parijse champignons
1 wortel

1. Snijd de zalmfilets in 12 kubusjes en rol er de tongfilets rond.
2. Schil de ui en hak hem fijn, fruit hem daarna in de olie.
3. Maak de Parijse champignons schoon en snijd ze in kleine stukjes, snijd de wortel in dobbelsteentjes en doe zowel de stukjes champignon als de dobbelsteentjes wortel bij de ui.
4. Giet er de witte wijn bij en breng aan de kook.
5. Leg de tongfilets in de wok, zet het deksel erop en laat 3 minuten koken.
6. Strooi er peper over en dien warm op.

Opmerking
Om een perfect resultaat te verkrijgen, rol je de tongfilets met de schubkant naar binnen toe.

MOSSELEN
MET PEPER

[VOOR 4 PERSONEN]

Gemakkelijk
Kooktijd: 10 min.
Voorbereidingstijd: 25 min.

4 liter mosselen
1 peper
1 takje selderij
1 bosje peterselie
2 tomaten
1 eetlepel kerriepoeder
10 cl witte wijn
2 eetlepels olijfolie

1. Controleer de mosselen, haal er de slechte uit en maak de anderen schoon.
2. Haal de zaadjes uit de peper en hak hem fijn. Snijd de selderij in kleine stukjes.
3. Was en snijd de tomaten in kleine dobbelstenen.
4. Pluk, was en hak de peterselie.
5. Verhit de olijfolie in de wok, roerbak de selderij, de peper en de tomaten, doe er daarna de mosselen, de witte wijn en het kerriepoeder bij.
6. Laat de wok op het vuur staan tot alle mosselen open zijn en eet smakelijk.

SINT-JACOBSVRUCHTEN
MET KERVELROOM

[VOOR 4 PERSONEN]

Gemakkelijk
Kooktijd: 4 min.
Voorbereidingstijd: 10 min.

20 Sint-Jacobsvruchten
2 uien
2 eetlepels olie
2 dl witte wijn
2 dl verse room
2 eetlepels gehakte kervel
50 g bloem
cayennepeper
peper en zout

1. Pel en hak de uien, fruit ze daarna in de hete olie.
2. Giet er de witte wijn en de verse room over, doe er de gehakte kervel bij. Strooi er peper en zout over en laat 3 minuten koken. Zet opzij, maar zorg ervoor dat het geheel warm blijft.
3. Rol de Sint-Jacobsvruchten in de bloem die op smaak is gebracht met een beetje zout en cayennepeper.
4. Verhit de olie en bak elke zijde van de Sint-Jacobsvruchten gedurende 30 seconden.
5. Giet de saus in de borden en schik er de Sint-Jacobsvruchten op. Dien onmiddellijk op.

VICTORIABAARS
MET WILDE RIJST EN CHAMPIGNONS

[VOOR 4 PERSONEN]

Gemakkelijk
Kooktijd: 2 min.
Voorbereidingstijd: 20 min.

600 g Victoriabaars
200 g gekookte wilde rijst
100 g boschampignons
4 eetlepels olie
2 uien
1 sjalotje
2 limoenen
1 dl groentebouillon
peper en zout

1. Pel de uien en de sjalot en hak ze fijn, fruit ze daarna in de olie.
2. Voeg er de champignons bij en bak ze gedurende 1 minuut.
3. Snijd de victoriabaarsfilets in reepjes en leg ze in de wok.
4. Knijp de twee limoenen uit en giet het sap in de wok. Voeg er ook de groentebouillon aan toe.
5. Laat gedurende 1 minuut op een middelmatig vuur koken, doe er de rijst bij en roer voorzichtig om het geheel op te warmen.
6. Schik het gerecht in de borden en dien warm op.

Opmerking

Je kunt dit recept met om het even welke vaste vis klaarmaken.

AIGUILLETTES VAN KIP
TEMPURA

[VOOR 4 PERSONEN]

Vrij gemakkelijk
Marineertijd: 10 min.
Kooktijd: 2 min.
Voorbereidingstijd: 25 min.

4 aiguillettes van kip
2 eetlepels rijstwijnazijn
2 cm gember
2 eieren
1,5 dl ijskoud water
4 eetlepels bloem
olie

1. Schil en rasp de gember. Meng hem met de azijn en doe er de kip bij. Zet alles gedurende 10 minuten koel weg.
2. Klop de eieren met het water en de bloem tot je een vloeibaar mengsel krijgt.
3. Giet 8 cl olie in de wok en verhit ze.
4. Laat de kip uitlekken en dompel ze in de pasta van eieren en bloem.
5. Bak in kleine hoeveelheden in de warme olie.
6. Dien op met sojasaus.

Opmerking

Een aiguillette is een langwerpig reepje vlees van filet van wild of gevogelte.

RUNDVLEES MET KNOFLOOK
OP EEN BEDJE VAN VERMICELLI

[VOOR 4 PERSONEN]

Gemakkelijk
Kooktijd: 3 min.
Voorbereidingstijd: 15 min.

600 g rundsfilet in dikke plakken
4 teentjes knoflook
4 eetlepels olie
2 eetlepels rode wijnazijn
350 g rijstvermicelli
4 eetlepels gehakte peterselie
peper

1. Schil de teentjes knoflook en snijd ze heel fijn. Meng ze daarna met de azijn en de olie.
2. Peper de plakken filet en leg ze in de gearomatiseerde olie.
3. Verwarm de wok, laat het vlees uitlekken en bak het daarna 2 minuten.
4. Voeg er de marinade bij en bak nog 1 minuut verder.
5. Kook de noedels zoals op de verpakking is aangegeven en laat ze uitlekken.
6. Schik de noedels en het vlees op de borden. Bestrooi met de peterselie en dien onmiddellijk op.

RUNDVLEES
MET PINDANOOTJES

[VOOR 4 PERSONEN]

600 g rundvlees
2 uien
100 g gezouten pindanootjes
200 g peulen
1 kleine peper
2 eetlepels sojasaus
1 eetlepel sesamolie
1 eetlepel arachideolie
1 paprika

Gemakkelijk
Marineertijd: 30 min.
Kooktijd: 40 min.
Voorbereidingstijd: 30 min.

1. Schil de ui en hak hem fijn. Haal de zaadjes uit de peper en hak hem eveneens fijn.
2. Snijd het rundvlees in dunne reepjes.
3. Marineer het rundvlees 30 minuten in een slakom met de sesamolie, de peper, de uien en de sojasaus.
4. Snijd de paprika in fijne reepjes.
5. Bak de pindanootjes zonder vetstoffen goudbruin in de wokpan, voeg er de arachideolie, de paprika en de peulen aan toe. Roerbak 3 minuten en doe er dan het gemarineerde rundvlees bij.
6. Dek af en laat gedurende 35 minuten sudderen.

RUNDVLEES
MET BAMBOESCHEUTEN

[VOOR 4 PERSONEN]

Gemakkelijk
Weektijd: 20 min.
Kooktijd: 25 min.
Voorbereidingstijd: 20 min.

600 g rundvlees
50 g geparfumeerde champignons
400 g bamboescheuten
1 ui
1 stukje gember
1 eetlepel sojasaus
2 eetlepels olie

1. Week de champignons 20 minuten in lauw water en snijd ze daarna in kleine stukjes.
2. Laat de bamboescheuten uitlekken en spoel ze af, snijd ze dan in fijne reepjes.
3. Snijd het rundvlees in kleine blokjes.
4. Schil de ui en hak hem fijn. Schil en rasp de gember.
5. Bak het rundvlees 5 minuten in de wokpan met olie, doe er de uien, de gember, de bamboescheuten, de champignons bij en breng het geheel op smaak met de sojasaus.
6. Zet het deksel op de pan en laat 20 minuten sudderen.

EEND
MET ANANAS

[VOOR 4 PERSONEN]

1 kleine of jonge eend
20 g zwarte champignons
20 g geparfumeerde champignons
1 kleine ananas
1 teentje knoflook
1 ui
1 eetlepel sojasaus
2 theelepels maïzena
2 eetlepels olie
peper uit de molen

Gemakkelijk
Weektijd: 20 min.
Kooktijd: 45 min.
Voorbereidingstijd: 20 min.

1. Ontbeen de eend en snijd ze in kleine stukjes.
2. Week de champignons 20 minuten in lauw water.
3. Schil de knoflook en de ui en hak beiden fijn.
4. Schil de ananas en snijd hem in kleine stukjes. Zet het sap opzij.
5. Bak de stukjes eend in de wokpan met olie, tot ze goudbruin zijn (ongeveer 15 minuten). Voeg er daarna de knoflook, de ui en de ananas aan toe.
6. Los de maïzena in het ananassap op, doe er de sojasaus bij en een beetje water indien nodig.
7. Doe alles samen met de champignons in de wok en laat 30 minuten koken. Breng op smaak met peper en eet smakelijk.

CURRY VAN LAM

[VOOR 4 PERSONEN]

Gemakkelijk
Kooktijd: 1 uur
Voorbereidingstijd: 30 min.

600 g lamsbout zonder bot
3 uien
8 aardappelen
25 cl kokosmelk
1 bosje koriander
2 theelepels kerriepasta
1 theelepel kurkuma
1 eetlepel sesamzaadjes
2 eetlepels olijfolie
zout, peper uit de molen

1. Schil de uien en snijd ze in ringen, schil daarna de aardappelen en snijd ze in kubusjes.
2. Snijd het lamsvlees in stukjes.
3. Doe olie in de wokpan en bak de stukjes lam 5 minuten, voeg de uien, de kerriepasta, de kurkuma en een klein glas water toe. Laat 30 minuten sudderen.
4. Doe er de kokosmelk, de aardappelen en de sesamzaadjes bij. Laat 25 minuten sudderen, breng op smaak met peper en zout en eet smakelijk.

PLAKJES VARKENSVLEES
MET SHERRY, COURGETTES EN SESAMZAADJES

[VOOR 4 PERSONEN]

2 eetlepels sesamzaadjes
1 dl sherry
600 g aiguillettes van varkenssauté
2 courgettes
2 uien
4 eetlepels olie

Vrij gemakkelijk
Kooktijd: 3 min.
Voorbereidingstijd: 15 min.

1. Laat de sesamzaadjes 30 seconden in de wok goudbruin kleuren, zonder vetstoffen te gebruiken. Hou ze dan even opzij.
2. Schil de uien en snipper ze fijn, fruit ze in de goed verhitte olie.
3. Doe er het vlees bij en bak 1 minuut.
4. Snijd de courgettes in schijfjes en voeg ze aan de bereiding toe. Giet er ook sherry bij.
5. Breng op smaak met peper en zout en laat nog 2 minuten verder garen op een hoog vuur.
6. Schik alles op de borden en strooi er de sesamzaadjes over.

Opmerking
Een aiguillette is een langwerpig reepje vlees van filet van wild of gevogelte.

REEPJES VARKENSVLEES
MET GEKARAMELISEERDE WORTELS

[VOOR 4 PERSONEN]

Vrij gemakkelijk
Kooktijd: 4 min.
Voorbereidingstijd: 15 min.

600 g varkensfilet
2 eetlepels paprikapoeder
6 eetlepels olie
6 wortels
4 eetlepels boter
3 dl groentebouillon
4 eetlepels rietsuiker
1 theelepel tijm
peper

1. Meng de olie met de paprika en verwarm in de wok.
2. Snijd de varkensfilets in fijne reepjes, doe er peper op en bak ze dan 2 minuten op een hoog vuur. Zet opzij en houd het vlees warm.
3. Snijd de wortels in dobbelsteentjes en doe ze in de wok, samen met de boter en de groentebouillon.
4. Laat 2 minuten koken op een hoog vuur, doe er vervolgens de suiker en de tijm bij.
5. Roer goed en dien het eten op in kommetjes.

VARKENSVLEES
IN ZOETZURE SAUS

[VOOR 4 PERSONEN]

800 g varkensvlees zonder been (lendenstuk of filet)
1 ei
50 g bloem
1 pikante peper
1 stukje gember
2 tomaten
2 eetlepels poedersuiker
2 eetlepels sherryazijn
2 plakjes ananas
25 cl ananassap
2 theelepels sojasaus
3 eetlepels olie

Vrij gemakkelijk
Kooktijd: 30 min.
Voorbereidingstijd: 20 min.

1. Snijd het varkensvlees in kleine stukjes en rol ze in de bloem.
2. Klop het ei los en meng het met de rest van de bloem. Rol de stukjes varkensvlees erdoor.
3. Laat het varkensvlees 10 à 15 minuten in de wokpan braden, laat het dan uitlekken.
4. Dompel de tomaten even in kokend water, laat ze daarna schrikken onder koud water en haal er vervolgens de schil af. Snijd ze in tweeën, verwijder de pitten en snijd het tomatenvlees in stukjes.
5. Schil en rasp de gember, hak de peper fijn en snijd de ananas in kleine stukjes.
6. Bak de ananas en de peper 3 minuten in de wok, voeg er dan de gember, de tomaten, de suiker, de azijn, de sojasaus en het ananassap aan toe. Laat 15 minuten sudderen.
7. Doe er de stukjes varkensvlees bij, 5 minuten voor het opdienen. Smakelijk.

KIP MET GEMBER,
HONING EN CITROENMELISSE

[VOOR 4 PERSONEN]

Gemakkelijk
Marineertijd: 30 min.
Kooktijd: 20 min.
Voorbereidingstijd: 25 min.

1 kip
4 eetlepels honing
1 takje citroenmelisse
1 limoen
20 g gekonfijte gember
1 stukje verse gember
2 eetlepels sojasaus
1 eetlepel sesamolie

1. Snijd de kip in stukjes.
2. Snijd de citroenmelisse in fijne schijfjes, schil en rasp de verse gember en snijd dc gekonfijte gember in dobbelsteentjes.
3. Rasp de schil van de citroen, pers daarna de citroen zelf.
4. Meng de honing met het sap en de citroenschil, de gember, de sojasaus, de citroenmelisse en de sesamolie in een slakom. Laat de kip daarin 30 minuten marineren.
5. Doe een beetje olie in de wok en bak de stukjes uitgelekte kip 5 minuten. Doe er dan de rest van de saus bij en laat 15 minuten sudderen.

SALADE VAN VARKENSBALLETJES

[VOOR 4 PERSONEN]

Vrij gemakkelijk
Kooktijd: 10 min.
Voorbereidingstijd: 30 min.

400 g varkensvlees (filet of lendenstuk)
2 limoenen
1 ui
1 ei
1 kleine peper
1 stukje gember
1 teentje knoflook
150 g rucola
1 paprika
4 eetlepels olie
zout, peper uit de molen

1. Rasp de schil van de limoen. Haal de zaadjes uit de peper en hak hem fijn.
2. Schil en rasp de gember. Schil dc knoflook en hak hem fijn. Doe hetzelfde met de ui. Hak het varkensvlees.
3. Meng het varkensvlees met het ei, de geraspte citroenschil, de peper, de gember, de knoflook en de ui in een slakom. Maak met je vingers kleine balletjes van het mengsel.
4. Pluk en was de rucola. Haal de zaadjes uit de paprika en snijd hem in fijne reepjes.
5. Doe de 2 eetlepels olie in de wok en bak er de vleesballetjes gedurende 10 minuten in.
6. Breng de sla op smaak met olie en citroensap en dien op met de hete varkensballetjes.

KIPPENSOEP
MET ZWARTE CHAMPIGNONS

[VOOR 4 PERSONEN]

Gemakkelijk
Weektijd: 30 min.
Kooktijd: 20 min.
Voorbereidingstijd: 20 min.

4 kippenfilets
50 g zwarte champignons
1 teentje knoflook
1 kleine peper
1 theelepel poedersuiker
1 takje citroenmelisse
75 cl gevogeltebouillon
1 theelepel sojasaus

1. Week de champignons 30 minuten in lauw water, laat ze dan uitlekken en snijd ze in kleine stukjes.
2. Schil de knoflook en hak hem fijn. Haal de zaadjes uit de peper en hak hem fijn.
3. Hak de citroenmelisse fijn. Snijd de kip in fijne reepjes.
4. Breng de gevogeltebouillon aan de kook en doe er alle ingrediënten in. Laat 20 minuten sudderen.

BANANENBEIGNETS
MET HAVERMOUT OF GORT

[VOOR 4 PERSONEN]

Gemakkelijk
Kooktijd: 1 min.
Voorbereidingstijd: 10 min.

2 eieren
50 g bloem
2 dl melk
50 g havermout of gort
2 bananen

1. Meng het eigeel, de bloem, de melk en daarna de havermout of gort om het deeg voor de beignets te maken.
2. Klop het eiwit tot schuim en voeg het bij het deeg.
3. Snijd de bananen in schijfjes, dompel ze in het deeg en bak ze in hete olie.
4. Bestrooi met suiker en dien op.

MOES VAN WINTERFRUIT
OP PANNENKOEKEN

[VOOR 4 PERSONEN]

Gemakkelijk
Kooktijd: 2 min.
Voorbereidingstijd: 15 min.

2 appels
2 peren
4 eetlepels suiker
2 eetlepels boter
2 dl cider
8 pannenkoeken, klaar voor gebruik
kaneel in poeder

1. Schil, ontpit en snijd de appels en de peren in dobbelsteentjes.
2. Doe de cider en de suiker met het fruit in de warme wokpan. Laat gedurende 2 minuten op een zacht vuurtje koken.
3. Voeg er boter aan toe en roer.
4. Kruid met de kaneel. Proef of er genoeg suiker in is en doe er wat meer bij indien nodig.
5. Schep 3 eetlepels moes op de rand van de pannenkoeken, rol ze op en schik ze op warme borden.
6. Strooi er schilfertjes kokosnoot of suiker op en dien op.

Opmerking
Je kunt de cider vervangen door het sap van twee citroenen, maar dan moet je meer suiker toevoegen.

MANGO
MET KANEEL

[VOOR 4 PERSONEN]

2 mango's
4 eetlepels boter
3 eetlepels suiker
2 dl slagroom
kaneel in poeder

Gemakkelijk
Kooktijd: 30 sec.
Voorbereidingstijd: 15 min.

1. Schil en snijd de mango's in plakken.
2. Laat de boter met de suiker in de wok smelten. Leg er de plakken mango in zodra de suiker begint te karameliseren.
3. Bak 30 seconden aan elke kant, tot ze goudbruin zijn.
4. Leg ze op de borden, strooi er kaneel in poeder over en schep er een beetje slagroom naast.
5. Dien onmiddellijk op.

Opmerking

Je kunt de verse room aromatiseren met geraspte kokosnoot.

INHOUD

Kookeiland – Wok
Kookeiland ® is a trademark of the Vlaamse Media Maatschappij and World Wide Cooking Company – Licensed by VMMa Line Extensions

Oorspronkelijke uitgave: Wok asiatique & européen

Ouvrage collectif créé par Losange
Avec la collaboration de: Luc Verney-Carron, Patrick André, Michel et Véronique De Meyer, Jean Arbeille, Hervé Chaumeton
Coordination éditoriale: Sophie Jutier
PAO: Nathalie Lachaud, Francis Rossignol, Isabelle Véret
Photogravure: Stéphanie Henry, Chantal Mlalon

Verantwoordelijk uitgever: Uitgeverij Het Bronzen Huis, Antwerpen

ISBN 9077981187 (ISBN Nederland 907798139X)
NUR 440
D/2006/7658/84